LA GUÍA DEFINITIVA

Facility Management
y Mantenimiento de Edificaciones

La Guía Definitiva

Facility Management
y Mantenimiento de Edificaciones

Carlos Riveros

*La guía definitiva. Facility Management
y Mantenimiento de Edificaciones*
Primera edición, septiembre 2022

© Carlos Riveros, 2022

https://www.hycproyectos.com/
contacto@hycproyectos.com
info@hycproyectos.com

Escrito por: Carlos Riveros
Edición y diagramación:
David Manangón
Portada: Marco Pérez
Publicado por: Marcel Verand

El presente texto es de única responsabilidad del autor. Queda prohibida su total o parcial reproducción por cualquier medio de impresión o digital en forma idéntica, extractada o modificada, en castellano o en cualquier idioma, sin autorización expresa del autor.

Contenido

Agradecimientos · 9

Introducción · 13

Capítulo 1 | Situación actual de proyectos y edificaciones · 19

Capítulo 2 | A qué nos enfrentamos · 31

Capítulo 3 | Modelos de gestión de activos y edificaciones · 41

    Facility Management · 45

    Mantenimiento · 70

    Modelos de Asset & Facility Management · 76

ISO:55000 «Gestión de activos – Aspectos generales, principios y terminología»   77

ISO: 55001 «Gestión de Activos – Sistemas de Gestión».   79

Capítulo 4 | Bases del modelo «Facility Value Management "123"– H&C»   81

Pasos del Modelo «Facility Value Management "123" – H&C»   90

Capítulo 5 | Impacto de los Modelos en Organizaciones y Edificaciones Independientes   101

Capítulo 6 | Nuestra Empresa   109

HYC Proyectos de Ingeniería SAS   111

Nuestros valores   117

Agradecimientos

Son muchas las personas a las que quiero agradecer y dedicar esta publicación, seguramente no todos los merecedores tendrán espacio en estas páginas, por olvido, más que por otra razón.

Agradezco a todos los profesores que me enseñaron todo tipo de conocimientos. Las materias clásicas como matemática, física, español y bilogía, pero también los otros conocimientos que he tenido la dicha de disfrutar, como el taekwondo, cocina, oratoria, propósito, etcétera. También a aquellos maestros que no conocí en la universidad o el colegio, más bien la vida me los fue presentando.

A todas las personas con quienes trabajé en algún momento de la vida. Jefes, subordinados y pares. Todos fueron parte de mi práctica profesional y de quien soy ahora.

He tenido toda clase de clientes, varios de ellos se han convertido en buenos amigos. Con muchos llevo la mejor relación y otros han pasado, pero estoy agradecido de todos ellos por todo lo que me enseñaron y que me enseñan hoy en día.

Que no se me queden por fuera todos los empleados de **HYC Proyectos**. Han sido muchas las personas que han colaborado estos 16 años con la empresa, les agradezco a todos ellos, en particular a quienes me acompañan en el día a día, buscando nuevos negocios, ejecutando los que tenemos y compartiendo conmigo sus sueños.

Agradezco a **HYC Proyectos de Ingeniería**, para mí es como un ser entrañable que me ha cuidado durante todos estos años y que me ha dado los mejores aprendizajes en mi carrera. Espero corresponder.

No puedo dejar de lado a mis amigos, aunque pocos, lo compensan con la calidad de seres humanos que son.

A mis familiares, quienes ocupan un lugar muy importante en mi mente y corazón; tíos y tías, primos y primas, mi hermano, cuñado y sobrinos. A todos, gracias.

A mis padres, Humberto y Gloria, toda mi gratitud por los valores y el apoyo que me brindan cada segundo de mi vida.

Gracias por el apoyo incondicional, el amor, los abrazos, risas y besos de mi esposa y mi hija. Paola y Martina, son parte de este libro, como son parte de cada proyecto y sueño en el que me embarco.

Finalmente, agradezco a Dios, sin Él nada es posible, y todo lo posible es gracias a Él...

Introducción

Todas las edificaciones que usamos, en las que vivimos, trabajamos, realizamos compras, pueden ser consideradas como seres vivos. Parece irónico que hablemos de vida acerca de algo que está construido por la mano de los seres humanos con materiales inertes. Pero, cumplen un ciclo de vida, nacen, envejecen y mueren. Y así como con los seres vivos, a menos que implementemos hábitos saludables y los cuidados que se necesitan, su vida será más corta y su transitar menos cómodo.

Me gustaría contarles que regularmente encuentro en mi trabajo programas de mantenimiento preventivo donde se ven claramente los cuidados y buenos hábitos de las edificaciones que visitamos, pero, no es así. Al parecer hemos reducido la importancia de lo preventivo y solo funcionamos con lo correctivo. A primera vista y sin análisis, lo correctivo soluciona lo que no funciona y parece que fuera más barato, pero, les puedo adelantar que es todo lo contrario, siempre lo correctivo será más costoso que lo preventivo. Tal como sucede con los seres vivos.

Pero, ¿cuáles son los principales problemas de la falta de implementación de modelos preventivos?

1. Pérdida de valor del activo: Una vez que se construye una edificación e inicia su uso, comienza un proceso de devaluación. Muchas veces no lo vemos reflejado por el incremento del valor de la tierra en nuestras ciudades, por la pérdida del valor de nuestras monedas y por el aparente aumento del valor comercial. Esto muchas veces lo vemos reflejado en un valor de moneda mayor al inicial, pero que, visto a través de varios filtros, no necesariamente corresponde a la realidad.

2. Paros o detenciones en la operación: Un daño o avería en la infraestructura puede generar que la operación de un negocio se detenga total o parcialmente. Como mínimo, uno o varios empleados tendrán que perder su foco del negocio con el fin de buscar quién realice el arreglo.

3. Aumento de riesgo laboral: Las acciones preventivas obligan a la organización a revisar de forma constante sus procesos, las instalaciones y el bienestar que ofrece la misma a los empleados y usuarios en general. Lo que lleva a que no se realicen estas acciones, que incremente el riesgo de no identificar posibles riesgos y que estos, además, se presenten.

4. Pérdida de imagen: En mayor o menor medida y, claro, dependiendo la naturaleza de los negocios, las empresas procuran el cuidado de la imagen que proyectan. La falta de intervención a tiempo de las instalaciones conllevará una imagen descuidada de la marca.

Estos cuatro problemas y varios más, pueden ser evitados o disminuidos con la implementación de programas y planes de mantenimiento y/o con modelos de *Facility Management*.

Pero, la experiencia nos ha demostrado que estos conocimientos son relativamente nuevos y no han sido popularizados.

Lo mencionado me motivó a realizar un documento que trace una línea base de conocimiento para todos aquellos involucrados o interesados en Activos de tipo Inmobiliario, pero que, en general, pueda extrapolarse a todo activo que lo requiera durante su operación de mantenimiento.

En este texto encontrarán la definición de los tipos de mantenimiento que se pueden realizar, de Facility Management, sus orígenes y posibles fuentes de conocimiento. Por otra parte, indagaremos cómo el sentido común y el sentido de negocio motivó a quienes desarrollaron estos conocimientos.

Entre los beneficios que conlleva la implementación de modelos preventivos y de gestión de activos encontramos:

- Reducir al mínimo las averías y molestias

- Cumplimiento de normatividad y legislación vigente

- Mejores condiciones de seguridad al interior de los activos

- Mejores condiciones de higiene

- Ahorro y mejores indicadores financieros

- Incrementar el valor comercial del activo

- Reducir invalidaciones de garantías y seguros por falta de mantenimiento

- Responsabilidad con los empleados

- Responsabilidad con el medio ambiente

- Responsabilidad con el negocio

- Bienestar de los empleados y usuarios de los activos

- Velar por el cuidado y garantía de la imagen corporativa

Al final, usted tendrá la capacidad de entender de una forma práctica el sentido que tiene realizar actividades de forma planeada y se verá motivado a implementar acciones preventivas al interior de su trabajo e incluso con sus activos personales.

Situación actual de proyectos y edificaciones

-1-

«Entendamos que toda construcción es un complejo sistema que nace, vive, se enferma, que se traduce en fallas y, una vez que se estropea, resulta que más cosas van a malograrse y más esfuerzo conllevará su reparación y que, en las peores circunstancias, por más improbable que parezca, muere».

— **Carlos F. Riveros H.**

Una realidad que salta a la vista, sobre todo en Latinoamérica, es que las casas y edificaciones de vivienda en nuestras ciudades son sometidas muy poco a labores programadas de mantenimiento. Lo usual es que, a medida que se producen daños graves, se busque un proveedor que los repare de forma inmediata.

Algunas de las consecuencias que conlleva este procedimiento son:

1. Se permite la degradación excesiva de las construcciones

Las construcciones son nuevas durante un breve instante de tiempo, cuando se entregan y empiezan a disfrutarse, a partir de ese momento inicia un proceso que llamamos de «degradación» del activo. Esto ocurre en casas individuales, en conjuntos o agrupaciones de apartamentos. Cuando las construcciones no se someten a procesos programados de mantenimiento, actualización y remodelación, se someten a procesos de «degradación», donde los diferentes materiales pierden funcionalidad, operabilidad e imagen.

El ejemplo más fácil de comprender es el de la pintura interna y externa. Es común ver en nuestras ciudades un desgaste exagerado de la pintura, marcas de procesos climáticos en fachadas pintadas o enchapadas, incluso en edificaciones que tienen fachadas con materiales lisos como vidrio o alucobond.

2. Los daños se convierten en fallas definitivas que requieren de arreglos costosos

En una edificación que no ha sido sometida a actividades planeadas de revisión e intervención siempre se presentarán, en varios momentos de su vida, daños acompañados por roturas de partes, averías de equipos, afectaciones al interior y exterior y hasta posiblemente un deterioro del bienestar y confort de quienes lo habitan.

Algunas situaciones que se pueden presentar son: daño en el calentador de agua del hogar, deterioro de electrodomésticos como el horno o la estufa, rotura de la llave de los registros, goteras y filtraciones de agua desde cubiertas en tejas y mantos, daños en puertas y chapas, aparecimiento de humedad en muros internos y externos.

Seguramente nos identificamos con uno o algunos de los ejemplos enunciados anteriormente y esa es otra razón de la situación actual de nuestras edificaciones.

3. Existe una baja probabilidad de encontrar el proveedor idóneo para el arreglo

Encontrar al proveedor idóneo es como encontrar la pareja para toda la vida. Ninguno de los dos es un proceso rápido, lo normal es que en ninguna de las dos circunstancias se dé el «amor a primera vista».

Lo recomendable es que para encontrar un proveedor se realice un proceso de búsqueda, evaluación y selección. Por supuesto, para ese proceso deberíamos invertir un tiempo proporcional a la complejidad de la necesidad a resolver. No vale la pena efectuar un proceso largo y desgastante para arreglos pequeños, pero, hasta un arreglo pequeño puede ser un proceso sufrido en manos de un proveedor con pobre conocimiento o con excesivo deseo de ganar mucho en un solo trabajo.

4. Una emergencia de último momento es costosa

Así como reservar un tiquete a cualquier destino a último momento es más costoso que hacerlo con semanas de anticipación, contratar un arreglo de última hora será siempre más costoso que hacerlo con tiempo. Quizá podríamos pensar que no hay forma de contratar el arreglo de algo que se daña de improviso, y es cierto, pero para eso precisamente son los programas y planes de mantenimiento preventivo, para anticiparse a los daños y conseguir que se presenten con menos frecuencia y que sean menos costosos.

5. Interrupción parcial o total del disfrute del activo o edificación

Una de las circunstancias más crueles que suele ocurrir es que se dañe el calentador de agua, situación que normalmente ocurre en el horario en que nos levantamos y nos alistamos para ir a la oficina. Si tenemos suerte, el daño será por lo menos durante esa mañana, aunque lo normal es que no podremos disfrutar de un baño con agua tibia o caliente por algunos días y debamos someternos duchas con agua helada en un clima frío, como el de algunas ciudades.

Otro ejemplo común es el daño de una estufa, un horno, el aire acondicionado o las puertas eléctricas de un edificio. Eventos que pueden ser prevenidos o atenuados dentro de un programa de mantenimiento o contando con un servicio de Facility Management, modelos que explicaré más adelante.

6. *Pérdida de la oportunidad de actualizar o modernizar la construcción*

Si gastamos todo nuestro dinero en ropa, accesorios y salidas, ¿qué nos queda para ir de vacaciones? Al igual que salir de viaje es normalmente un gasto que planeamos con tiempo, realizar obras de actualización, modernización y remodelaciones en general, requiere de planeación y ahorro. Cuando no realizamos procesos planeados de intervención, el dinero de nuestro hogar, edificio o conjunto se gastará en arreglos de último minuto, como en la impermeabilización total de la cubierta, en la intervención total de la fachada, etcétera.

7. Disminuye el confort

El estado de mayor confort de una vivienda es cuando todo funciona bien, cuando todo se ve bien e incluso cuando todo huele bien. Un daño puede afectar todas esas situaciones, incluso un daño no atendido a tiempo va en contra de la salud de quienes lo habitan. Muchas veces no nos damos cuenta de la aparición de humedad, y esta situación con el tiempo puede desencadenar en enfermedades respiratorias.

8. Aumento de los riesgos en la ocupación

Aunque afortunadamente no es motivo de noticia diaria, en muchas ocasiones se han ocasionado incendios por daños eléctricos, explosiones a causa de fugas de gas y malfuncionamiento de gasodomésticos, así como accidentes leves y fatales relacionados con ascensores.

9. Devaluación del activo o edificación

Siempre, en toda circunstancia, una edificación, construcción o vivienda que no se someta a procesos programados de mantenimiento, perderá valor frente al mercado y a su competencia.

Esto muchas veces se ve camuflado o mimetizado por el aumento en el valor de la tierra, por el aumento generalizado del valor de la finca raíz o por los efectos de la inflación, lo que debemos tener en cuenta es que ese aumento de valor no es real, y que, con seguridad, el valor de venta del inmueble siempre será mayor en la medida que tenga un mejor aspecto y un funcionamiento de acuerdo a las necesidades de su uso.

10. Menor oportunidad comercial

Todo mercado se regula por oferta y demanda, además, la oferta está sometida a lo que ofrece la competencia. Como en todo, existen muchas variables como el precio, la calidad, las especificaciones y por supuesto, el aspecto.

Si mi activo, vivienda o edificación tiene problemas con esas variables, seguramente está en desventaja comercial frente a la competencia y nos veremos obligados a demandar un menor valor de compra.

Los ejemplos anteriores están enfocados en construcciones de vivienda, pero, ¿qué pasa con las construcciones y edificaciones de empresas?

En **HYC Proyectos de Ingeniería** hemos recibido en el último año 111 solicitudes para presentar propuestas de mantenimiento correctivo y arreglos para compañías de diferentes sectores. Ochenta solicitudes han sido para que coticemos arreglos por fallos, veinte para cotizar arreglos por eventos que están presentando fallas y once han sido solicitudes para que coticemos proyectos o contratos de mantenimiento preventivo, predictivo y correctivo.

Esto demuestra que el enfoque de la mayoría de compañías no se aleja de las circunstancias en muchos hogares, se busca resolver los problemas que se presentan día a día o de manera eventual.

A qué nos enfrentamos

-2-

«Una edificación es como el cuerpo humano, necesita buenos hábitos y cuidado. Al igual que el cuerpo, si no lo mantenemos y cuidamos, tendrá que enfrentarse a consecuencias como las enfermedades».

—Carlos F. Riveros H.

La situación actual nos ubica en una evidente pérdida del valor de nuestros activos, tanto a nivel individual, corporativo como de una sociedad. Y en la medida en que transcurra más tiempo, más esfuerzo y recursos se requerirán para elevar la ciudad y cada hogar al nivel que deseamos.

Esto se puede ejemplificar con lo que suele ocurrir en los barrios de una ciudad. Un barrio que no es intervenido en sus unidades de vivienda y comercio será una zona que perderá valor con el tiempo, además, tendrá mayores retos comerciales y será una zona donde la gente preferiría no vivir. Con el tiempo esas áreas se convierten en zonas marginadas, casi ignoradas, además de una excusa para que los gobiernos locales no gestionen los suficientes recursos para su mantenimiento. Finalmente, las inversiones que se realizaron en esos lugares no generan impacto a causa del mismo entorno. Parece que hemos llegado a un punto bastante trascendental, pero, es una realidad de todos los países del planeta, de cada ciudad, especialmente en Latinoamérica.

Llevando el anterior análisis a un nivel más personal, pensemos en los sitios en los cuales hemos vivido. Por ejemplo, un apartamento al interior de un edificio. Debemos estar conscientes de que hoy nadie vive en una residencia totalmente nueva, solo es nueva en el instante en que se estrena, a partir de ese momento esa vivienda no será nunca más nueva, lo que conduce a un desgaste de cada uno de los materiales y elementos que la componen.

Si lo anterior ocurre con viviendas relativamente nuevas, pensemos en lo que sucede con un edificio con diez, quince o veinte años. ¿Qué ocurre con sus pisos, la carpintería de madera y metálica, la pintura de los techos, su fachada, la cubierta, canales y bajantes, el ascensor, las bombas, entre otras muchas partes de este sistema?

A nivel empresarial ocurren situaciones similares, con otras connotaciones, por ejemplo:

1. Disminución de confort: Las áreas o espacios descuidados producen o generan inconvenientes en el confort y habitabilidad de los espacios.

Por ejemplo, disminución en la iluminación o en su percepción, mala o inadecuada ventilación, presencia o problemas con humedades y filtraciones.

2. Aumento de riesgo de accidentes del personal: La ausencia de condiciones ideales genera obstáculos en la funcionalidad de los espacios.

Por ejemplo, una pobre o inadecuada iluminación aumenta el riesgo de tropiezos mientras caminamos o de golpearnos con algo que no podamos distinguir.

3. Aumento de paros: Toda empresa genera sus ventas a partir de la producción o prestación de sus productos o servicios. En el momento en que se presente un inconveniente con la infraestructura o la edificación se puede presentar la necesidad de parar parcial o totalmente la producción.

¿Qué ocurriría si en un *call center* se presenta una falla eléctrica? ¿Qué puede suceder en una planta de producción si se presenta una filtración de agua importante sobre una de sus máquinas, o si los empleados no distinguen las señales del piso que demarcan los espacios para caminar al transitar por las bodegas? ¿Qué tal una situación donde se presente un conato o incendio y no funcionen los sistemas contra incendio?

4. Disminución o pérdida de productividad: Ya vimos cómo un evento imprevisto de alto impacto puede detener parcial o totalmente la productividad, pero, un problema o inconveniente no atendido en el tiempo, por pequeño que sea, puede generar mayores pérdidas de productividad en un mayor tiempo. Como comparar una fuga de agua grande en un día versus una pequeña filtración por varios años.

5. Pérdida de imagen frente a los clientes: Hemos escuchado por muchos años que todo entra por los ojos. Seguramente, cada vez que visitamos una empresa hacemos una evaluación visual y sacamos conclusiones a priori de la empresa.

¿Qué ocurre cuando pedimos una cita médica y al llegar nos encontramos con un consultorio con mal aspecto? De la misma manera, ¿qué ocurre cuando llegamos a la cita y el consultorio está inmaculado? Por supuesto, la calidad de la atención y el conocimiento del médico no dependen de cómo se vea su consultorio, pero el cuidado que le dé a la imagen de su consulta representa un aspecto interno del tipo de persona que es el médico.

6. Aumento en el riesgo de accidentes: Las áreas descuidas generan accidentes. Hace algunos años, el andén frente a un edificio se fisuró a causa de las raíces de un gran árbol. Los años transcurrieron y el daño fue cada vez más evidente. El consejo del edificio debatió su arreglo durante varios meses, solo se vieron motivados con la mayor urgencia cuando una habitante del edificio se tropezó con los trozos de andén que se desprendieron. Las áreas descuidadas generan accidentes.

Quizá parezca un ejemplo extremo, pero, una mala iluminación, unas cintas antideslizantes desgastadas o unas barandas sueltas pueden generar accidentes de toda gravedad.

7. Pérdida de valor de los activos: El descuido devalúa los inmuebles. Una edificación, bodega o instalación perderá valor en la medida en que no se intervenga de forma programada.

Modelos de gestión de activos y edificaciones

-3-

«Ni todo el dinero del mundo puede traerte de vuelta la salud».

—Reba McEntire

«Ni todo el dinero del mundo puede traerte de vuelta una edificación que sufrió abandono».

—Carlos F. Riveros H.

Existen diferentes modelos que ayudan a la gestión de activos. Entendiendo dicha gestión como todas las actividades y servicios que se prestan a las edificaciones con el fin de garantizar su operación.

Empecemos con el que, hoy en día, se puede considerar como el más completo.

Facility Management

El *Facility Management*, como disciplina integradora ha tomado fuerza en los últimos años en casi todos los países europeos y de Norteamérica. En nuestra sociedad latinoamericana, aunque de forma un poco más lenta, también se está posicionando de manera importante, con la llegada de importantes empresas extranjeras de administración y gestión inmobiliaria, y la salida al mercado de nuevos actores de gestión de activos, que en su mayoría hacen parte de los grandes grupos empresariales del país.

Esta disciplina ofrece enormes oportunidades al facilitar todas las necesidades que tiene cualquier activo; como su administración, mantenimiento, aseo, mejoras, ampliaciones, salvaguarda, etcétera. Que de forma alineada y consensuada tiene el potencial de transformarse en ahorro, retorno y valorización.

Las ventajas son muchas, como tener un conocimiento más detallado de las instalaciones, equipos y demás activos con que cuenta una organización, el incremento en las utilidades anuales, por medio de una mejor gestión de activos o la reducción de gastos por menos demanda de mantenimiento correctivo.

Pero, para disfrutar de todas las ventajas que conlleva la implementación y ejecución de un modelo de *Facility Management* y mantenimiento preventivo, se requiere contar con profesionales capacitados, aliados y proveedores adecuados, un modelo apropiado y a la medida de la organización y la decisión de implementarlo.

H&C Proyectos de Ingeniería ha desarrollado un modelo propio y ajustable a distintos tipos de organizaciones, *El Facility Value Management HC*. El modelo se compone de prácticas, procedimientos y procesos óptimos para entornos como el colombiano.

Facility Management + Mantenimiento preventivo y predictivo

Facility Management es la gestión de inmuebles y servicios. Se conoce en las empresas como Servicios Generales (SS. GG.). Se encarga de la gestión de los edificios y sus servicios. Los servicios suelen dividirse en: mantenimiento y actividades. En el mantenimiento se incluyen tareas como: asegurarse de que el aire acondicionado de un edificio funcione de forma eficaz, fiable, segura y legal. Entre las actividades se encuentran tareas como: cerciorarse de que se haga la limpieza del edificio de forma regular o el control del trabajo de los contratistas, por ejemplo, constructores o electricistas.

Tomando como base la definición anterior, se puede entender entonces que el *Facility Management* incluye todas las actividades y servicios que necesita una edificación para funcionar de forma adecuada, de acuerdo a los diseños y las necesidades funcionales o de quienes la habitan o utilizan. Se debe incluir, por supuesto, al equipo encargado de dicha gestión.

No es difícil entender qué es y para qué sirve el Facility Management, si se tiene una cultura de prevención y planeación. Pero para las organizaciones acostumbradas a realizar únicamente mantenimiento correctivo o arreglos será un cambio de paradigma importante. Al comparar los gastos entre una empresa que tiene implementado un modelo o plan anual de mantenimiento con una que solo hace arreglos por demanda o arreglos correctivos, se pueden encontrar diferencias de entre un 12% y 17% a favor de las empresas con planes preestablecidos o programados.

Algunos datos históricos

Jane M. Wiggins, en su libro *Facilities Manager´s Desk Reference*, fija los orígenes del *Facility Management* (FM) en la era de la gestión científica y la posterior aparición de las oficinas administrativas por el año de 1900.

Tomó una mayor fuerza en la década de los 70. En 1978 un grupo de Facility Managers, originarios del Reino Unido, se propusieron darle un mayor reconocimiento y credibilidad a esta disciplina. Es así como se crean las dos principales organizaciones que reúnen el estado del arte al respecto; la *Nacional Facility Management Association y la International Facility Management Association* (IFMA).[1]

Durante los últimos 50 años, distintas disciplinas han estructurado las bases del *Facility Management* con el fin de que la operación de las *Facilities* y de los *Assets* sea más económica, confiable y de mayor eficiencia. Por ejemplo, durante 1979 se empezaron a divulgar conceptos referentes a la planificación de los espacios como una herramienta de gestión de las empresas necesaria para aumentar la rentabilidad del trabajo. Muchos hemos participado en proyectos de diseño y construcción de oficinas y edificios de oficinas y hemos visto, cuando las instalaciones no son de un solo y único dueño, cómo los distintos habitantes o usuarios están más o menos cómodos, más o menos confortables y más o menos «felices», por lo tanto, más o menos «productivos».

Otro ejemplo es evidente cuando las modas o tendencias de diseño no tienen en cuenta el confort y bienestar de los usuarios.

---

1   https://www.ifma.org/

Seguro hemos visto edificios corporativos con fachadas imponentes en vidrio, pero quizá no hemos trabajado o visitado alguno. Puede que algunos de esos edificios sean confortables por dentro como lo son bellos por fuera, pero, muchos otros se convierten prácticamente en saunas, ocasionando altos consumos de aire acondicionado para conseguir un clima interno que sea soportable. Resulta que en muchas altitudes de este planeta no es recomendable tener este tipo de fachadas o por lo menos que no supere un porcentaje del total del área de construcción.

Estos ejemplos demuestran que el *Facility Management* no solo se ocupa durante los procesos de «Operación & Mantenimiento», sino que es necesario desde las fases de «Diseño y Construcción».

Después de la década de los 80, se dieron grandes cambios. Por ejemplo, en Inglaterra se inició la aplicación del *FM* durante la gestión de los proyectos de infraestructura pública.

Desde inicios del siglo XXI, la profesión de *Facility Manager* ha elevado su perfil en muchas organizaciones, por las siguientes razones:

- **Continuidad del negocio:** Sin importar la naturaleza de los negocios, todos se apoyan en activos físicos que soportan los servicios o productos creados por las organizaciones.

- **Gestión del riesgo:** La incertidumbre es una de las variables inherentes a todos los sectores de la economía. A través de la implementación de modelos y sistemas de Facility & Asset Management se pueden gestionar de una forma más controlada y cada vez menos impactante esos riesgos.

- **Responsabilidad social corporativa:** Es más importante la gestión del impacto que produce el ejercicio de la empresa al planeta, a la sociedad y a los mismos empleados.

- **Inestabilidad Financiera:** La feroz competencia, la globalización de las economías y clientes cada vez más conocedores, repercuten en la necesidad de empresas cada vez más óptimas en el uso de recursos y en la eficiencia de sus procesos.

Durante los últimos años de esta década hemos visto cómo distintas casas de fabricación de *software* han creado y comercializado herramientas para la gestión de activos. También, cómo poderosos grupos económicos, propietarios de una considerable cantidad de activos productivos e improductivos, han creado empresas o líneas de negocio para la administración de esos activos y cómo han llegado a países latinoamericanos los principales actores de la gestión de activos en el mundo.

En conclusión

El *Facility Management* es una integración de procesos, áreas y disciplinas al interior de una organización, para mantener y desarrollar los servicios que apoyen y mejoren la efectividad de las actividades principales o misionales. Con esto se busca garantizar las condiciones mínimas de confort de las personas en su puesto de trabajo, se da soporte a los negocios principales, se garantiza la continuidad de la operación de las organizaciones y se aumenta el retorno del Capital (K), mediante el uso económico de servicios e infraestructura dentro del marco de procesos planificados, gestionados y controlados.

Según Atkin y Adrian Brooks, el *Facility Management* se define como «un enfoque integrado para operar, mantener, mejorar y adaptar los edificios y la infraestructura de una organización con el fin de crear un ambiente que apoya firmemente los objetivos principales de esa Organización».

El mayor objetivo del *FM* y de los *Facility Managers*, es el de agregar valor a la actividad principal y, por lo tanto, a la satisfacción de los clientes.

La finalidad del *Facility Management* no es otra que la de apoyar la consecución de los objetivos estratégicos de la organización desde la gestión de los activos productivos e improductivos, buscando:

- Explotar los activos, es decir, hacerlos más rentables.

- Realzar la cultura e imagen de la organización.

- Permitir cambios futuros en el uso del espacio.

- Prestar servicios más eficaces.

- Proporcionar ventaja competitiva a los negocios principales de la organización.

¿Para qué implementar un modelo de Facility Management?

El *Facility Management* es la disciplina que integra áreas dentro de la organización, así como actividades o labores a ser realizadas en los activos y muchas veces proveedores que presten sus servicios en búsqueda de un mismo fin, el cumplimiento de los objetivos estratégicos en las condiciones más óptimas de operación, en diferentes plazos o periodos de tiempo. Esto último se refiere a los períodos de tiempo de la planeación estratégica de la organización con el fin de dar cumplimiento a la misión y coadyuvar a conseguir la visión de la misma. Además, el constante cambio en gestión de empresas y las mejores condiciones en tecnologías de información han cambiado la forma en que hacemos el trabajo y la forma en que se gestionan la mayoría de organizaciones, exigiendo un replanteamiento fundamental en el suministro, uso y gestión continua de instalaciones tradicionales y servicios de apoyo asociados a estas.

Al interior de las organizaciones se escuchan conceptos como: *outsourcing*, deslocalización, *procurement*, aliado. Términos cada vez más importantes y de impacto en los resultados de las organizaciones, tanto estratégicos como económicos. Por lo que se hace cada vez más evidente la necesidad de gestionar los diferentes servicios de manera externa a la empresa. Esto último, buscando lo que desea la Dirección de una empresa: «Centrarse en el negocio» y no distraerse con asuntos de apoyo o soporte.

La totalidad de organizaciones, sin importar su naturaleza y su carácter público o privado, utilizan inmuebles, activos y servicios asociados a los mismos para apoyar a sus negocios principales. El *Facility Management* colabora para que cada negocio centre sus esfuerzos en sus actividades principales, contando con tener de manera planeada y controlada los activos de la organización.

Clientes del Facility Management

Todas las organizaciones son clientes o usuarios potenciales del *Facility Management*. Obviamente, se requiere un nivel de consciencia y hasta madurez que permita identificar los beneficios de la implementación. Por supuesto, es importante estar dispuestos a realizar el análisis del costo-beneficio de la implementación de un modelo o sistema de gestión de activos basado en los modelos y normas del *Facility*.

Entre otras variables y características que se deben reconocer en los clientes, previo al planteamiento del modelo, están:

- **Conocimiento y entendimiento de la Cultura organizacional:** Cada cliente es diferente, como todos los seres humanos. La cultura define qué es y qué no es relevante para cada organización, lo que al final ayuda a construir el orden de prioridad y los niveles de servicio.

- **Conocimiento y entendimiento de las estrategias de la organización:** La planeación estratégica o simplemente la planeación dictan los lineamientos, definen objetivos y metas. Todo proveedor de *Facility Management* y/o Mantenimiento debería conocer en detalle cómo su servicio impacta los indicadores del cliente y, sobre todo, cómo aportar valor para obtener un mejor desempeño.

- **Conocer en detalle el estado y la cantidad de activos:** Una buena gestión inicia identificando a detalle con qué activos se cuenta y qué tanto esfuerzo de gestión y mantenimiento se requieren.

- **Conocer la relación entre la organización y sus activos:** Cada negocio tiene una relación diferente con las instalaciones donde operan, mientras una fábrica de producción necesita espacios amplios y limpios, reduciendo normalmente los accesorios o diseños especiales, un negocio como un *call center* se ocupa de generar espacios confortables y agradables para sus empleados. El enfoque de los dos ejemplos tiene todo sentido.

- **Entender el tipo de mantenimiento que se ha realizado a los activos hasta la fecha.**

- **Conocer las políticas de compras y proveedores:** Cada organización define una política de proveedores diferente, individualizada a cada negocio y a cada cultura, como debe ser. Se ha popularizado que la mejor compra o la mejor oferta es la de menor valor. En algunas ocasiones coincide que el menor valor puede estar acompañado del mejor proveedor, pero, en nuestra experiencia como compradores de materiales y servicios y como vendedores de proyectos y servicios, lo más barato, normalmente sale malo.

- **Conocer en detalle los productos o servicios ofrecidos:** Muchos proveedores fallan al no conocer los servicios o productos ofrecidos en un negocio. Un contrato o proyecto de *Facility* debe girar en torno al negocio del cliente, no puede ser simplemente ejecutar un proyecto y ya.

  El conocimiento en detalle de lo que hace un cliente le permitirá priorizar sus actividades, saber sus horarios de operación y, por lo tanto, los mejores momentos para intervenir. Conocer el negocio del cliente y su estrategia puede dar la línea en los momentos en que se deban resolver problemas o que se presenten inconvenientes en el proceso.

- **Conocer los indicadores de gestión medidos por la organización:** Hoy en día es común que se mida el desempeño tanto de empresas como de personas. La gestión de un proyecto de *Facility Management* o de mantenimiento preventivo y correctivo afecta de manera directa a varios indicadores del cliente, si se desconoce esa circunstancia se puede llegar a afectar en diferentes medidas al cliente.

Beneficios del Facility Management

Los principales beneficios de la implementación de modelos de mantenimiento o gestión basados en modelos y normas del *Facility Management* son:

- **Conocimiento:** Cuando las empresas crecen de forma organizada pierden en alguna medida el conocimiento y, por lo tanto, el control de las partes que la componen.

- **Alineación:** El 100% de la organización, la totalidad de sus recursos, deben estar alineados para la consecución de los objetivos y metas estratégicas. Con la implementación de un modelo de *Facility Management* se garantiza el mejor uso y estado de los activos.

- **Competitividad:** Al dar un uso óptimo a cada activo, se garantiza obtener el mayor potencial de los mismos.

- **Continuidad del negocio:** Sin importar la naturaleza de los negocios, todos se apoyan en activos físicos que soportan los servicios o productos creados por las organizaciones.

- **Gestión del riesgo:** La incertidumbre es una de las variables inherentes a todos los sectores de la economía. A través de la implementación de modelos y sistemas de *Facility & Asset Management* se pueden gestionar de una forma más controlada y cada vez menos impactante esos riesgos.

- **Responsabilidad social corporativa:** Vemos cómo es más importante la gestión del impacto que produce el ejercicio de la empresa al planeta, a la sociedad y a los mismos empleados.

Es relevante anotar que los beneficios no solo son cualitativos, también son cuantitativos, y al momento de medir un negocio suelen ser los más valiosos. Las compañías que solo realizan acciones correctivas sobre sus activos gastan entre un 12% y 15% más que las que se comprometen con programas de mantenimiento preventivo, predictivo y correctivo.

Relación del *Facility Management* con el *Project Management*

Podemos ver la relación entre uno y otro bajo dos perspectivas:

- Desde el punto de vista del *Project Management*, la salida o producto de las fases de diseño y ejecución es, la entrada del *Facility Management*. No hay que olvidar que la fase final en la ejecución de un proyecto de construcción es la fase de Operación y mantenimiento.

- Desde la perspectiva del *Facility Management* las fases de diseño y construcción son fases tempranas de su Proceso.

    a) Durante las fases de ideación y diseño se tiene la mayor influencia. Un equipo de diseño que tenga en cuenta la mayor cantidad de variables, hasta la operación y mantenimiento, obtendrá lo mejores resultados.

    b) Durante la fase de construcción se vuelve plausible lo pensado y dibujado en los planos. El incorrecto seguimiento de los mismos o la falta de atención a la necesidad de alguna corrección, pensando en la función del proyecto, impactará casi de forma definitiva en el producto final, la operación y el mantenimiento.

Sin importar con qué perspectiva nos sintamos más a gusto, es un hecho, que al ejecutar o gestionar un modelo de *Facility Management*, se deben tener en cuenta: las hipótesis de los diseños, los procesos constructivos seguidos, los documentos, planes y manuales realizados durante la fase de construcción y el modelo de gestión realizado para cada activo o grupo de activos.

Por otra parte, la gestión de *Facility* se ejecuta comúnmente por proyectos: de mantenimiento, de mejoramiento, de ampliación. Todos ellos deben ser gestionados con un modelo de *Project Management*, idealmente desde una PMO.

Un estudio efectuado a más de 500 edificios en operación concluyó que los problemas actuales se derivan de problemas a causa de sus diseños en un 58%, un 12% debido a malos procesos constructivos y un 11% a malos o deficientes materiales.

Los contratos de *Facility Management* no dejan de ser proyectos, y el día a día no deja de ser una gestión de muchos proyectos de diferentes tamaños.

En conclusión, evidenciamos que varios de los problemas actuales en las edificaciones se originaron años atrás, durante las fases de ideación, planeación o construcción.

Una lista de las posibles causas incluye:

1) **Mala calidad en los diseños o diseños incompletos:** Es innegable que la calidad de los diseños es directamente proporcional a la calidad de la edificación. No existe ninguna posibilidad de que se construya un edificio de alta calidad con diseños mediocres o incompletos. Por tal motivo es sumamente importante contratar al mejor equipo de diseño que podamos costear y que, además, tenga una capacidad que vaya acorde y sea coherente con la magnitud del proyecto.

2) **No tener en cuenta la funcionalidad de la edificación:** La distribución espacial, el uso del área, las alturas, el número de ascensores, la iluminación, ventilación y demás características de una edificación deben responder a las necesidades y uso que se le dé a la edificación.

Vemos muchos casos en los que se construyen edificios que tienen un alto flujo de visitantes durante su uso, pero que fueron diseñados y construidos con pocos ascensores o pasillos angostos. Otro ejemplo común, son algunos edificios de oficinas donde se establecen compañías con un alto número de funcionarios, pero que no cuentan con sistema de aire acondicionado o ventilación adecuado y acorde con el número de personas que ocupan los espacios.

3) **Diseños que desconocen el presupuesto:** En la mayoría de ocasiones se diseña sin tener en cuenta los límites o expectativas del presupuesto. Lo recomendable es que se desarrollen diseños a partir de la idea o modelo de negocio. Luego de contar con estudios técnicos y diseños completos se pasa al área o encargado de presupuestación para realizar el costeo. Aunque tiene sentido presupuestar con la información completa, con ese enfoque o proceso, en muchos casos se obtienen cifras altas. Esto ocasiona que se deban hacer recortes en algunos aspectos para poder ejecutar los proyectos, o que se ejecute de forma parcial.

La recomendación es que una vez que se viabilice una idea de negocio o proyecto, se defina de forma general o global un presupuesto y que dicha cifra sea conocida por el arquitecto y otros diseñadores para que los diseños realizados estén contenidos con un piso y techo presupuestal.

4) Desconocer las características del contexto: Durante el diseño de las edificaciones se debe tener en cuenta características del siguiente tipo:

- **Climáticas:** Temperatura, ubicación del sol durante la mañana y tarde, frecuencia e intensidad de lluvias. Con esa información se podrá efectuar una mejor selección de materiales para fachada y cubierta, tamaño de canales y bajantes, escoger el porcentaje de transparencia de las fachadas, necesidades de ventilación natural y mecánica, por ejemplo.

- **Topográficas:** Normalmente, se localiza de forma correcta la edificación en el lote o predio, pero, algunas veces se descuida lo que está alrededor de las edificaciones, por ejemplo, no se tienen en cuenta las diferentes características del suelo para definir los accesos, escaleras y rampas o la relación del proyecto con el entorno urbano, generando diferencias notables y eternas con andenes, circulaciones y vías.

- **Volumen de tráfico:** En el afán de optimizar las áreas de construcción y el uso del suelo, muchos proyectos desatienden la relación de la edificación con el tráfico peatonal y de vehículos del exterior, generando problemas de circulación y riesgos con el entorno.

- **Vecindad:** Durante los diseños, generalmente se tiene en cuenta el lote o predio a diseñar, pero, desconocemos las características y usos que nuestros vecinos le dan a la zona o sector. Tener esto en cuenta puede derivar en problemas de operación y funcionamiento posteriores a la construcción.

La base fundamental del *Facility Management* es el servicio de Mantenimiento que se realiza a las edificaciones, no se trata únicamente de los arreglos cuando se presenta un daño. Las actividades de mantenimiento deben corresponder a actividades planeadas y ejecutadas con el rigor de un cronograma que responda a las necesidades de cada edificación, a la vida útil de cada componente que lo compone, al uso y al abuso y a la buena imagen que se desee representar.

Las actividades de mantenimiento incluyen:

- Lavado de fachada
- Impermeabilizaciones de fachada
- Pintura de fachadas
- Revisión y cambio de piezas de fachada
- Revisión y cambio de cubiertas
- Limpieza y mantenimiento de canales y bajantes
- Arreglo y cambio de mantos y elementos de impermeabilización
- Revisión y mantenimiento de tanques de almacenamiento
- Resane de grietas y fisuras
- Pintura de muros y techos
- Emboquillado de pisos
- Cambio de piezas de piso

- Cambio de piezas de enchape de muros
- Arreglo de fisuras y grietas en pisos
- Cambio o arreglo de lámparas
- Revisión y mantenimiento de interruptores
- Revisión de buen funcionamiento de instalaciones eléctricas
- Revisión de buen funcionamiento de elementos de redes contra incendios
- Revisión de buen funcionamiento de instalaciones hidrosanitarias
- Verificación de buen funcionamiento de equipos especiales
- Verificación de buen funcionamiento de sistemas de aire acondicionado
- Revisión de buen funcionamiento de puertas y ventanas
- Cambio de cintas antideslizantes en escaleras y rampas

- Cambio de vidrios y espejos en mal estado
- Verificación de buen funcionamiento de chapas
- Verificación de niveles y evidencias de asentamientos diferenciales
- Actividades de fumigación
- Recarga de extintores
- Verificación de señalética apropiada al negocio
- Verificación de cumplimiento de normas de seguridad humana
- Verificación de cumplimiento de normas de cada negocio

Mantenimiento

Es fundamental integrar el «mantenimiento» a los modelos de *Facility*. La causa es que se convierten en la herramienta principal de gestión.

Definimos el mantenimiento como el conjunto de actividades y procesos estratégicos realizados para conservar y/o restablecer la infraestructura, sistemas, equipos y dispositivos, que hacen parte de una parte o de la totalidad de una organización a una condición que les permita cumplir con las funciones requeridas dentro de un marco económico óptimo y de acuerdo a las normas técnicas y procedimientos de seguridad establecidos.

Tipos de mantenimiento

Durante la vida y operación de los activos (edificios, equipos, redes, etcétera), se requiere realizar una serie de intervenciones que conocemos como «mantenimiento», pero que, dependiendo de la planeación, la urgencia y hasta de quien lo ordene, cambian su denominación.

Correctivo: Es el mantenimiento que se ejecuta después de la aparición de un fallo, para restablecer su condición normal de operación. Muchas veces lo conocemos como arreglo, reparación o corrección. Se puede requerir en caso de las siguientes tipos de falla:

a) Falla parcial

b) Falla intermitente

c) Falla total

d) Falla catastrófica

Preventivo: Es el mantenimiento que se ejecuta a intervalos predeterminados y/o de acuerdo a criterios de escritorio, utilizando medios para definir frecuencias de aparición de fallos. Su objetivo principal es el de reducir la aparición de fallos y el de reducir, predecir y prevenir fallas incipientes.

Predictivo: Es el mantenimiento que se basa en análisis técnicos (vibración, ultrasonido, termografía, pruebas no destructivas), y en la condición de los equipos. El objetivo principal es el de obtener el mayor provecho del activo, operarlo en las mejores condiciones y alargar su vida útil en óptimas condiciones.

Proactivo: Es el mantenimiento basado en técnicas de confiabilidad para detectar modos de fallo. Está muy relacionado con la automatización, tecnología *Smart* y el Internet de las cosas (IdC).

Una diferencia clara entre los diferentes tipos de mantenimiento es la periodicidad con la que se realizan. Mientras las actividades de mantenimiento correctivo responden a eventos puntuales y fortuitos, normalmente salidos de la planeación, los otros tres tipos de mantenimiento se efectúan luego de una planeación hecha por la organización interesada, siguiendo normalmente cronogramas y presupuestos predefinidos.

Las estrategias de mantenimiento deben estar dirigidas a gastar menos dinero, sufrir menos tiempo fuera de servicio y obtener menos costes de mantenimiento.

En este punto es importante aclarar que la única forma de medir el impacto y el desempeño del modelo en general, es a través de indicadores de mantenimiento.

Los indicadores de mantenimiento son el resultado de mediciones que se realizan en el funcionamiento de cualquier proceso de servicios *FM*, son esenciales en los procesos de gestión de activos de *Facility Management* y además permiten conocer aspectos para la toma de decisiones.

Un buen modelo de gestión debería contar con los siguientes tipos de indicadores:

- **Indicadores de efectividad:** Tiempos promedio, confiabilidad, mantenibilidad

- **Programación:** Efectividad en la programación de mantenimiento, asertividad en los períodos de mantenimiento.

- **Costos de mantenimiento:** Costo promedio de mantenimiento.

Varios estudios han demostrado que las empresas que implementan modelos y sistemas de mantenimiento preventivo y predictivo pueden conseguir ahorros de entre un 12% a un 15% más que las que únicamente efectúan mantenimientos correctivos.

Un modelo o programa de Mantenimiento preventivo, predictivo y correctivo se gestiona normalmente por medio de contratos como, por ejemplo:

1) **Contratos de Mantenimiento preventivo, predictivo y correctivo calculados por índices de construcción:** Es usual que el valor y pago de estos contratos se realice por medio del cálculo del valor por el número de metros cuadrados con que cuente el activo o edificación.

El valor del metro cuadrado se debe calcular en función de la cantidad de personal necesario, las cantidades requeridas de materiales, la cantidad de actividades incluidas en el mantenimiento diario y la periodicidad y alcance de las actividades programadas o preestablecidas.

2) **Contratos Marco o de gastos agotables:** Otra modalidad de estructurar estos contratos es mediante el cálculo de valores unitarios de un listado normalmente amplio que contenga las principales necesidades o situaciones que se presentan, de forma tal que, gran parte de la negociación consista en el establecimiento de dichos valores unitarios para cada actividad.

El otro tema preponderante es el cálculo en cantidad y precio del equipo necesario para gestionar las instalaciones.

3) **Contratos Mixtos:** Estos son los contratos donde se combinan las características de los dos primeros, manejando parcialmente características de uno o del otro a conveniencia del cliente, pero, por supuesto con un clausulado claramente definido desde el principio.

4) **Contratos por Administración Delegada:** También es viable contratar una firma que gestione los contratos de mantenimiento preventivo, encargándose de la ejecución de todas las actividades necesarias, desde la contratación de proveedores idóneos, controlando la calidad de materiales y procesos hasta la ejecución de cada una de las actividades. Por todo el trabajo se pacta un porcentaje como honorario, que se cobrará mes a mes, en algunas ocasiones son gastos reembolsables que suelen ser los salarios de los profesionales encargados de la gestión.

Modelos de Asset & Facility Management

En la década de los años 80 del siglo pasado, comenzaron las iniciativas de formalizar y estandarizar las buenas prácticas del *Facility Management, Asset Management* y los programas de mantenimiento al interior de las organizaciones. Esto se produjo por la necesidad de integrar distintas áreas, intereses y prácticas, pero, sobre todo, por el interés de conseguir el mayor retorno a las inversiones realizadas a los activos.

En todos estos modelos es importante tener en cuenta que no solo se están gestionando edificaciones, sino activos, productivos o improductivos de cada negocio. La buena o mala gestión, elevará o no el valor de dichos activos.

Estas teorías están siendo estudiadas a nivel mundial desde hace varios años, muchas de ellas se han establecido como normas y buenas prácticas, por ejemplo, las normas internacionales.

ISO:55000 «Gestión de activos – Aspectos generales, principios y terminología»

La norma provee los aspectos generales para la gestión de activos y sistemas de gestión de activos. También proporciona el contexto para las normas ISO:55001 e ISO:55002. Gracias a los aportes internacionales se identificaron prácticas comunes que pueden aplicarse al más amplio rango de activos.

Esta norma suministra los aspectos generales de la gestión de activos, los principios y los términos, así como los beneficios al adoptar un modelo basado en normas ISO para la gestión de activos.

Los beneficios que se pueden obtener de la implementación de la ISO:55000 son:

- Mejora del desempeño financiero

- Ayuda a tomar decisiones de inversión en activos, basadas en información veraz

- Riesgo gestionado
- Mejoras en resultados y servicios
- Responsabilidad social demostrada
- Demostración de cumplimiento
- Mejora de reputación
- Mejora de la sostenibilidad organizacional
- Mejora

La norma ISO:55000 define los siguientes elementos como claves para la implementación de la norma:

- Contexto de la organización
- Liderazgo
- Planificación
- Apoyo
- Operación
- Evaluación de desempeño
- Mejora

ISO: 55001 «Gestión de Activos – Sistemas de Gestión».

La norma provee los aspectos generales para la gestión de activos y sistemas de gestión de activos (es decir, sistemas de gestión para la gestión de activos). También proporciona el contexto para la norma ISO 55002.

La Norma define los siguientes factores que influencian el tipo de activos que requiere una organización para alcanzar sus objetivos:

- La naturaleza y propósito de la organización
- Su contexto operacional
- Sus restricciones financieras y los requisitos reglamentarios
- Las necesidades y expectativas de la organización y sus partes interesadas

Como las anteriores normas, hay otras que sirven como marco de referencia o modelo para la implementación de un sistema de *Facility Management*:

- European 15221

- ISO 41001

- Pas 55

La recomendación es implementar un modelo de *Facility Management* a la medida de la organización. Solo si se va a certificar, implementar una sola de las normas. El modelo ideal debería ser la suma de las partes que interesen y apliquen, ajustadas a la cultura organizacional y a la idiosincrasia del lugar donde se implemente.

Como toda norma o buena práctica, las referencias anteriores ayudan a formalizar y parametrizar los procesos de gestión del mantenimiento, dando guía a las empresas que desean estructurar modelos de mantenimiento planeados y con objetivos concretos.

Es importante recordar que la certificación de las normas implica el cumplimiento de la totalidad de numerales de la Norma, lo que implica que quienes lo implementen tengan la habilidad de no perder la autonomía y necesidades de la compañía a causa del cumplimiento de las exigencias de las normas.

Bases del modelo «Facility Value Management "123"– H&C»

-4-

«Lo importante es ver aquello que resulta invisible para los demás».

—**Robert Frank**

El modelo de *H&C Proyectos de Ingeniería*, para el *Facility Management* y los contratos de gestión de mantenimiento preventivo, predictivo y correctivo tiene como base normas Internacionales como las ISO, prácticas europeas y aportes de las buenas prácticas recogidas durante más de 15 años de ejercicio en contratos de mantenimiento y múltiples proyectos de construcción.

El modelo se fundamenta en:

1) **Sistema:** Todo activo o edificación, sin importar su uso, representa una complejidad de partes y elementos que coexisten y deben funcionar para el disfrute y uso de quienes lo habitan.

2) **Gestión:** Reconocemos la integración de varias actividades, profesiones y disciplinas como una necesidad de una buena gestión.

3) **Valor:** El objetivo final debe ser siempre el de preservar el valor del activo o edificación.

4) **Tecnología:** Hoy en día un componente fundamental. Desde la gestión de PQRS del día a día, transcurriendo por los cronogramas, reportes de actividades ejecutadas, inventarios en línea, control de técnicos y otros funcionarios y particularmente la comunicación y reporte al cliente.

5) **Proyecto:** Un modelo de *Facility* y/o de mantenimiento siempre debe considerar las características de los proyectos.

a) **Únicos:** A pesar de haber tenido contratos de mantenimiento con el mismo cliente, manteniendo las mismas instalaciones, la experiencia ha sido siempre diferente. Los clientes muchas veces cambian los acabados de las instalaciones, cambian los materiales de fachada, los materiales de los pisos, colores y especificaciones de pinturas, etcétera. Todo esto produce alteraciones en los procesos, en su mayoría de forma positiva para la operación. También se dan cambios en las personas que componen los equipos tanto del cliente como de quien presta el servicio.

b) **Temporalidad:** Todo contrato tiene la cláusula de plazo, con un tiempo finito, por supuesto. Para cumplir, es necesario generar un cronograma y completar las obligaciones dentro de esas fechas.

c) **Propósito:** El propósito del proveedor no puede ser simplemente cumplir su objeto contractual, además, debe velar por el bienestar de la compañía a quien le presta servicio y el cumplimiento, en la medida que le corresponda, de los indicadores de gestión a los que aporte.

La ejecución de un plan de *Facility* o de mantenimiento debe perseguir:

- Obtener el mayor valor del conjunto de activos.

- Obtener el mayor retorno a las inversiones en mantenimiento de activos, proyectos de ampliación, proyectos de remodelación, proyectos de mejoramiento y demás que se realicen alrededor de los activos.

- Disminuir la cantidad y la gravedad de paros u obstáculos de la operación.

- Proteger la imagen de las organizaciones hacia el exterior y la comodidad y confort hacia el interior.

- Colaborar en el aumento de utilidad año a año de las Organizaciones.

- Alinear la estrategia de gestión de activos con la estrategia general de la compañía.

- Descargar a las organizaciones de las distracciones del negocio principal.

El modelo de «*Facility VALUE management "123" – H&C*», está inspirado en:

- Buenas prácticas del *Facility Management*

- Guía de normas y modelos internacionales

- Buenas prácticas del *Project Management*, basados en los lineamientos del PMI.

- Mejores prácticas recogidas de proyectos de construcción, mantenimiento, administración delegada.

- Modelos de gestión de la información y economía del conocimiento.

- Modelos de contratos de mantenimiento preventivo y correctivo de activos.

- Observación de miles de eventos presentados a lo largo de los años

Por supuesto, hay otros elementos que se deben tener en cuenta en la práctica para el éxito de la implementación del modelo «FVM123» como: uso de aplicaciones y herramientas tecnológicas, personal idóneo y capacitado, disponibilidad de recursos apropiados, el modelo, un cliente dispuesto y el recurso más valioso, tiempo de preparación, planeación e implementación para los trabajos a nivel profesional y operativo.

Pasos del Modelo «Facility Value Management "123" – H&C»

1. Reconocimiento

El primer paso antes de establecer cualquier programa de mantenimiento es el reconocimiento de todas las características del activo o edificación, esto parece más que obvio, pero lo común es que no se realiza.

Este primer paso se compone de:

- **Recolección de información:** Los principales insumos y el punto de partida para conocer las necesidades de los activos son: planos, estudios técnicos, fichas técnicas, manuales de mantenimiento y directorio de proveedores.

- **Inventario real:** Se debe programar una visita o visitas que permitan levantar información en sitio y de forma detallada. El inventario debe ser efectuado por una o varias personas que puedan reconocer de forma exacta materiales, elementos, equipos y demás elementos que hacen parte del activo o edificación.

El inventario debe recolectar como mínimo la siguiente información:

- Área del predio
- Área de construcción
- Área de cubierta
- Número de pisos
- Altura de entrepisos
- Características de la fachada (materiales, elementos de fijación)
- Materiales de carpintería
- Listado detallado y características de equipos especiales
- Listado detallado de cada espacio
- Caracterización de materiales en pisos, techos, muros y, en general, en cada espacio

El listado anterior corresponde a una muestra muy pequeña de características, encontraremos diferencias en cada negocio y activo.

Al final de este paso, el principal resultado o entregable que esperamos tener es una «Ficha» que recolecte todas las características del activo e, idealmente, con una calificación por cada elemento y una para el sistema o conjunto que definen al activo.

La calificación anterior será la entrada para el siguiente proceso o fase y se convierte en la forma más objetiva, tanto cualitativa como cuantitativamente, de valorar al activo.

2. Construcción de la Matriz de priorización

Después de la recolección de información de los activos o edificaciones, se debe proceder a priorizar la intervención de los diferentes elementos dependiendo de:

1. **Elementos prioritarios:** Todo aquel elemento, equipo o material que generará detención parcial o total en la productividad del negocio en el caso de fallar, o que representa seguridad a los ocupantes. Son todos los elementos que se hayan clasificado como fundamentales para el negocio.

2. **Elementos sensibles:** Todo aquel elemento, equipo o material que puede generar detención parcial o total en la productividad del negocio, en el caso de fallar, y que por sus especificaciones es más vulnerable que otros. Como ejemplo, podemos pensar en los equipos de cómputo y otros elementos de tecnología que, dependiendo del negocio, pueden estar clasificados en este pequeño listado.

3. **Elementos costosos:** Todo aquel elemento, equipo o material que, de fallar parcial o totalmente, requerirá de una inversión importante para su arreglo o reposición. En casi todo negocio que conozco cuentan con algunos equipos o herramientas de valor considerable. El ejemplo más común que se me ocurre es el ascensor de un edificio, un equipo que puede funcionar por varios años si es mantenido de forma periódica, pero, que cuando falla y se debe cambiar se convierte en un rubro muy importante.

4. **Elementos escasos:** Todo aquel elemento, equipo o material que, de fallar parcial o totalmente, requerirá de una búsqueda especializada o detallada.

5. **Otros elementos:** Todos los otros elementos que componen el activo o edificación y que no se pueden clasificar en los cuatro puntos anteriores.

El resultado esperado de este paso es una matriz muy detallada, calificada y ponderada, desde el punto de vista de los riesgos, con impacto, probabilidad de ocurrencia y el planteamiento de planes en caso de ocurrir el impacto.

3. Construcción de cronogramas de mantenimiento

La matriz de priorización suministrará como entrada las actividades a ejecutar y su calificación. De esto, esperamos tener dos tipos de actividades de mantenimiento.

a. **Actividades atendidas por mantenimiento rutinario:** Todas aquellas actividades que requiere un activo o edificación en el día a día. Dependiendo del tamaño y complejidad, quizás el día a día es literal, y se requiere de una persona o equipo que permanezca todos los días en las instalaciones, con suficiente disponibilidad de materiales para acometer las actividades requeridas.

Para contextualizar, pensemos en actividades como inspección y revisión de redes hidrosanitarias y eléctricas, resanes y pinturas puntuales, cambios de luminarias, emboquillado parcial de enchapes.

b. **Actividades atendidas por mantenimiento programado:** Todas aquellas actividades que requieren de un activo o edificación de forma periódica. Dependiendo del tamaño, complejidad, exposición al público y necesidad de demostrar una imagen corporativa se establecerán periodos de tiempo diferente.

Para contextualizar, pensemos en actividades como la inspección y lavado de canales y bajantes, lavado e impermeabilización de fachadas, pinturas totales de muros y techos interiores y exteriores.

En este paso, el mantenimiento se parece más a un proyecto tradicional, en la construcción de un cronograma en el tiempo que sirva como guía para ejecutar y controlar todo tipo de actividades que resuelvan las diferentes necesidades del cliente.

Es importante tener en cuenta que el cronograma no solo debe tener en cuenta las necesidades propias del activo, sino, además, los tiempos del cliente y de su negocio. Por ejemplo, los horarios de trabajo y las restricciones.

4. Presupuestación y Costeo

Lo ideal es que el cliente construya este listado de precios, pero, lo normal es que los clientes se dediquen a negocios diferentes al *Facility Management* y el mantenimiento, por lo que el costeo se podrá realizar a partir de cotizaciones con uno o varios proveedores de cada servicio.

Es un proceso que puede tomar tiempo, pero que, bien hecho, garantiza costos y gastos eficientes de mantenimiento y un estado del activo ideal.

Cada actividad del cronograma debe tener un responsable, un tiempo y un valor.

La suma de todos los valores individuales forma el presupuesto del año para el mantenimiento o *Facility Management*.

5. Búsqueda y selección de proveedores

Este importante paso, normalmente a cargo de las áreas administrativas o de compras, se constituye en el «santo grial» de la gestión. Esto resalta la importancia de seleccionar al mejor proveedor que los recursos puedan pagar, esto no quiere decir necesariamente el más costoso del mercado, pero sí al mejor calificado y que la compañía pueda costear.

Estos son algunos consejos para la selección:

1) **Busque entre sus conocidos:** ¿Su negocio ha contratado servicios similares? Si la respuesta es sí, devuélvase a los resultados y si son positivos, invítelo al proceso, asegurándose de que tienen las capacidades y cualidades para hacerlo.

2) **Construya una matriz de calificaciones con algunas variables, que no solo sea el menor valor:** Normalmente, lo barato sale caro. Sale caro en la ropa, en un juguete o en el mantenimiento. Las variables pueden estar referenciadas a la experiencia, capacidad de respuesta, procesos evidenciados, certificaciones de trabajo, ajuste a metodologías y

experiencia, no hay que olvidar el *feeling*, es un proveedor importante, es necesario surtirse bien con ese proveedor rondando por las instalaciones.

3) **Busque sin miedo en Internet:** Hoy todo es público, todo está calificado y referenciado. El Internet flanqueó la intimidad, aunque esto pueda sonar negativo, si lo usamos con el objetivo de buscar un proveedor, es positivo. Visite la página web de diferentes proveedores, sus Redes sociales, post, fotografías de otros proyectos y evidéncielo a sus clientes.

4) **No contrate al más económico.**

5) **Compare entre comparables:** Lamentablemente, es común que se compare a empresas formales y con experiencia con contratistas o maestros de obra. La diferencia debería ser evidente, pero buscando economizar, muchas veces no lo es, o no lo quieren ver las personas a cargo.

Una vez seleccionado el proveedor y analizada toda la información de los puntos anteriores, el proveedor deberá estar en la capacidad de:

- Planear el alcance del modelo de gestión

- Plan de comunicación entre cliente y proveedor y otras partes de interés

- Presupuesto de implementación y ejecución del modelo FVM-HC

- Cronograma de gestión del modelo FVM-HC

- Plan de acuerdos de niveles de servicio

- Cálculo de ahorros y retornos esperados

- Formulación de indicadores de gestión y seguimiento

6. *Ejecute y Controle*

La ejecución debe ajustarse al cronograma, a las especificaciones y materiales existentes, a las necesidades del cliente y de su negocio.

El control debe realizarse en sitio, por medio de la observación e indicadores de desempeño.

Es en este punto que la tecnología toma su mayor relevancia:

- Herramientas para seguimiento del cronograma

- Herramientas para llevar el control de las actividades rutinarias tipo PQRS o tickets

- Herramientas de evidencia en tiempo real de actividades ejecutadas

- Cuadro de control de mando de indicadores de desempeño

- Informes a la medida

7. Revise el plan y ajuste

Un buen plan debe ser susceptible de mejora, y esa susceptibilidad depende exclusivamente de una revisión constante de los resultados y las condiciones generales.

El modelo estará validado si el control y la medición así lo concluyen. Las desviaciones darán lugar a verificar el inventario, la priorización de activos y los planes realizados.

No olvidemos al equipo, cada uno de los siete pasos son hechos por personas, técnicos y profesionales. Ocúpese de que su proyecto cuente con los mejores que pueda contratar.

Impacto de los Modelos en Organizaciones y Edificaciones Independientes

-5-

«La implementación de un modelo de Facility Management o de un plan de mantenimiento no traerá nada más que beneficios, ahorro y organización».

—*Carlos F. Riveros H.*

Los resultados cuantitativos que se pueden obtener de un modelo de *Facility* y/o de un plan de mantenimiento preventivo son:

- Reconocer y disminuir el impacto que traen los problemas de las etapas tempranas o de diseño (58% problemas de diseño, 12% malos procesos constructivos, 11% malos materiales).

- Ser parte de una tendencia que supone un ahorro para las empresas de entre el 10% -15%, y a la vez, un aumento de la productividad.

- Según el IFMA, el potencial es que en Europa se alcance una optimización de patrimonio de 6000 millones de Euros y el en sector privado una optimización de patrimonio en compañías 7000 millones de Euros para el sector público.

- Impacto y beneficios de entre el 10% y el 40% sobre sus costos.

- Actualmente, se calcula un impacto en el 40% de recursos materiales y consumo energético que se dedica a edificios.

- Parametrizar y alcanzar una inversión máxima de entre el 2% o 3% máximo del valor del activo al año.

Los resultados cualitativos que se pueden obtener de un modelo de *Facility* y/o de un plan de mantenimiento preventivo son:

- Tener control en uno rubro importante para las empresas. En Europa se calcula que los costos de operación de inmuebles solo son superados por las nóminas.

- Integra un proceso dentro de una organización para mantener y desarrollar los servicios que apoyen y mejoren la efectividad de las actividades principales del negocio, su *core business*.

- Ser parte de que, a escala mundial, la competitividad, estabilidad, economía y calidad del medio ambiente, están vinculados a los activos inmobiliarios.

- Integrar una política de consecución de objetivos corporativos a través o con ayuda de una gestión de activos eficiente y efectiva, no solo en lo productivo sino a lo no productivo. También a la infraestructura, que es lo que apoya y da soporte.

- Mejorar la productividad, por medio de la conciliación equilibrada de recursos humanos, económicos e inmobiliarios.

- Gestión objetiva demostrando ROI.

Todos son beneficios trazables, alcanzables y escalables. Pero que requieren de un proveedor con conocimiento, experiencia e interés en el negocio del cliente.

El estado ideal al que las organizaciones deben apuntar es a la constitución de una oficina de *Facility*, o una oficina de Mantenimiento que dirija y controle sus proyectos en este ámbito.

Nuestra Empresa

-6-

HYC Proyectos de Ingeniería SAS

Para el año 2006 el ingeniero, Humberto Riveros, llevaba ya una trayectoria de 30 años de ejercicio profesional, varios de estos como ingeniero de Campo durante la construcción de la hidroeléctrica de Chivor, una de las principales hidroeléctricas del país, y otros tantos como contratista de obra y contratista de interventoría de obra civil. Su especialidad en esos años fueron las obras de urbanismo en Bogotá y alrededores, participando como constructor e interventor de puentes, vías principales y secundarias, parques y alamedas. Su hijo, Carlos Riveros, después del algunos años de experiencia como ingeniero de campo, director de campo y coordinador de proyectos, se apasionaba por la práctica, conceptos y teorías de la Gerencia de Proyectos.

HYC PROYECTOS fue constituida en el año 2006, con el objetivo de desarrollar proyectos de construcción que permitieran a la compañía atender, gestionar y acompañar el crecimiento de los negocios de nuestros clientes, así como el desarrollo del país.

Desde nuestros inicios, buscando resultados más consistentes, cumplir con los requerimientos y expectativas de los clientes, así como mayor control y seguimiento, implementó un sistema de gestión basado en prácticas internacionales de gerencia y gestión de proyectos, base de nuestro actual sistema de gestión, certificado y auditado por APPLUS.

Hemos logrado gerenciar proyectos de diferentes sectores, características y escalas con nuestras varias unidades de servicio, pero, siempre de forma coherente y comprometida con nuestros clientes. Nuestra metodología, que en un principio se concibió como una forma de organizar nuestra gestión, hoy en día es parte de la promesa de valor que le hacemos a nuestros clientes y que muchos reconocen y aprecian.

Ese pilar, el de implementar una metodología por proyectos, nos ha traído grandes ventajas, como, por ejemplo:

1) Flexibilidad y resiliencia ante las eventualidades del mercado y de la economía, permitiéndonos crecer o contraernos rápidamente de acuerdo a las condiciones externas.

2) Definir una base, lo más compacta posible, para operar. Nuestros gastos básicos operativos han sido analizados al detalle, permitiéndonos conocer la línea base y cómo crecer de forma orgánica pero controladamente.

3) Gerenciar los proyectos con pocos indicadores y de forma gráfica.

4) Mantener un sistema integrado de gestión certificado, sin mayores sufrimientos. Nuestro sistema acompaña el día a día de la operación, los formatos que implementamos ayudan a los profesionales y técnicos durante la ejecución de las actividades, los procedimientos dan línea y consistencia y los instructivos garantizan control.

5) Ofrecer tres líneas de servicio especializadas, tanto como un especialista, así como desde una perspectiva generalista. Parece enredado, aunque no lo es, nuestra directiva se rige por una oficina de proyectos que coopera con la gestión comercial, y gerencia

los diferentes proyectos, teniendo el conocimiento de potenciales proyectos y clientes, anticipando la necesidad de personal con determinadas características, proveedores e insumos, realizando la planeación de cada proyecto por cada línea de negocio.

A lo largo de estos 15 años hemos tenido varios cambios de imagen, incluso nuestra razón social fue modificada de una empresa Limitada (LTDA), por una Sociedad por Acciones Simplificadas (SAS), marca registrada ante la Superintendencia de Comercio. Pero, nuestro *slogan* no ha cambiado: «Construimos Confianza», un juego de palabras en extremo simple, pero a la vez profundo, que además alinea a nuestro personal cuando debe tomar cualquier decisión.

Nuestro Slogan: «CONSTRUIMOS CONFIANZA».

Construimos: Gerenciamos, administramos, construimos y supervisamos proyectos de construcción, es a lo que nos dedicamos y lo que nos gusta hacer.

Confianza: Es la base de toda relación humana y de toda corporación. No estamos detrás de un proyecto o un negocio, nuestro interés genuino es el de construir relaciones de largo plazo, crecer en conjunto con nuestros clientes, y a través de nuestros servicios garantizar que su infraestructura brinde garantías a su operación.

Esta última afirmación sobre nuestro concepto de «Confianza», la hemos vivido con varios clientes, pero, quisiera destacar la siguiente historia:

Apenas iniciaban nuestras operaciones en 2006, y un viejo conocido, al enterarse de la entrada en operación de **HYC Proyectos**, solicitó algunos servicios, muy pequeños, que prestamos con gran cariño y pasión.

Ese viejo conocido representaba a una muy importante IPS de Bogotá, el Virrey Solis IPS, una Institución prestadora de salud, que en ese momento tenía reconocimiento en la ciudad de Bogotá, pero que proyectaba un gran crecimiento.

Por la confianza que hemos construido, ese mismo cliente ha requerido nuestros tres servicios a lo largo de los años.

A día de hoy han transcurrido casi quince años de relación continua con este cliente, los hemos visto crecer y hemos crecido a su lado. Su operación, que era exclusiva en Bogotá, hoy en día se encuentra presente en las principales ciudades del país, donde los acompañaremos cada vez que lo requieran.

Existen otras historias, como las de Panalpina, para quien hemos desarrollado proyectos de construcción y gerencia a lo largo de los años en sus instalaciones, construyendo lazos de confianza y entregando proyectos de todo tipo de escalas y característica para su uso.

Hoy en día podemos contar ágilmente con diseñadores, calculistas, geotecnistas, diseñadores de interiores, subcontratistas de estructuras de concreto y metálicas, mampostería y acabados en general, así como otras empresas y profesionales del diseño, por lo que trabajamos con tranquilidad y confianza.

Pero, por otra parte, conocemos el mercado de los insumos, contratistas y subcontratistas que desarrollan los proyectos en Colombia.

Nuestra historia, presente y futuro han sido posibles gracias a la claridad de nuestros valores y a nuestra línea conductora, que es la construcción de confianza. Buscamos profesionales y técnicos que compartan nuestra visión. Desde su ingreso a la compañía, desde la inducción, recalcamos qué es importante para nosotros y cómo nuestros valores nos comprometen con nuestros clientes.

Nuestros valores

Nos regimos por seis valores muy claros, los cuales hacen parte del día a día de nuestro trabajo, donde el tema en común son los clientes. Enfocamos nuestro ejercicio en cumplir con sus requerimientos, cumplir con las metas y objetivos trazados por cada proyecto.

Tenemos tres líneas de negocio o servicios:

1) Gerencia y construcción de proyectos

2) Interventoría, supervisión y consultoría de obras.

3) Mantenimiento de activos e infraestructura.

La metodología se concibió para ser implementada en su totalidad o en forma parcial, según las necesidades propias del cliente.

Aunque no somos diseñadores, en muchas ocasiones hemos participado en los proyectos desde fases muy tempranas, teniendo la responsabilidad de coordinar las diferentes disciplinas del diseño, incluso, hemos coordinado proyectos de consultoría de gran complejidad como Planes Maestros de Colegios y Planes de Regularización y Manejo.

Esa coordinación se realiza normalmente por medio de comparación de planos en 2D con AutoCAD y usando la metodología BIM y el Revit.

Cuando gerenciamos y construimos, pensamos de forma simultánea en la operación de lo que construimos, no solo nos ocupamos de entregar los proyectos en los términos acordados, pensamos como gerentes de *Facility* en la operación y su funcionamiento y en la vida útil de cada elemento del proyecto. Cuando somos interventores y supervisores de obra, procedemos con nuestra gestión considerando la posición de un gerente o constructor.

Esta confluencia de conocimientos y nuestras líneas de servicio nos condujeron a la formulación de una metodología propia y única de *Facility* y Mantenimiento preventivo de activos y edificaciones.

Carlos Fernando Riveros H.

https://www.hycproyectos.com/

contacto@hycproyectos.com

info@hycproyectos.com

PBX. +57 4672131

Cel: 3148330034

www.ingramcontent.com/pod-product-compliance
Lightning Source LLC
Chambersburg PA
CBHW070233220526
45465CB00004B/1413